Género Fantasía

Pregunta esencial
¿Por qué se postulan las personas para cargos públicos?

Villalga

Raymond Huber
ilustrado por
Pamela Becker

CAPÍTULO 1 ¡Algas!

Todo comenzó con las algas. De camino a casa, vi a algunos acuáticos jóvenes jugando en un bosque de algas. Se divertían deslizándose por las hojas anchas y resbalosas de las algas. Villalga es un pequeño pueblo y las algas son la única área de juego buena que tenemos. Mientras me iba nadando, escuché un grito.

—¡Hey! Váyanse a su casa, acuáticos traviesos. Era el Sr. Cangrejo, uno de los miembros del concejo del pueblo, gritando a otro grupo de niños que jugaban escondidas entre las frondas de las algas. Yo sabía que el gruñido del Sr. Cangrejo era peor que su mordida. Me acerqué nadando para hablar con él.

—Buenos días Sr. Cangrejo. ¿Está todo bien?

—No, no lo está, Maribel. Estos jóvenes acuáticos necesitan dejar de payasear y deben ir a su casa.

—Los niños son niños, Sr. C. ¿Están haciendo demasiado ruido?

Negó con la cabeza e hizo un chasquido con la lengua.

—No, no. El ruido puedo tolerarlo, pero deben irse porque estamos cerrando el bosque. Vamos a podar las algas.

Quedé tan impresionada que no podía casi ni hablar.

—Perdón, ¿dijo usted podar las algas?

—Sí, Maribel, todas estas algas serán taladas hasta el fondo del mar.

—Pero no puede hacer eso, Sr. Cangrejo —balbuceé—. ¡Es ilegal!

Me explicó que el concejo había votado por un proyecto para construir grandes casas de almejas, más un restaurante de comida de tierra. Todo para darle un toque de elegancia a Villalga.

—Todo se hace de acuerdo con los procedimientos de planeación del pueblo —terminó diciendo el Sr. Cangrejo.

El bosque de algas era la única área de juego para los niños de Villalga. Al Sr. Cangrejo no le importaba que los jóvenes acuáticos no tuvieran un espacio ideal para jugar.

—¡Aún tienen el esqueleto de la ballena! —dijo.

Ese esqueleto que él mencionaba era muy pequeño para que todos los niños jugaran allí.

Pero ya era demasiado tarde para debatir. El concejo pretendía seguir adelante con este proyecto para bien de todos los acuáticos. Según decía el Sr. Cangrejo, se hacía de acuerdo con las reglas.

Entonces, me fui a casa pensando cómo podría salvar las algas de la destrucción. Las palabras del Sr. Cangrejo me rondaban en la cabeza: "Se hace de acuerdo con las reglas". Tal vez había algunas otras leyes que yo podría usar para hacer que el concejo cambiara de opinión. Decidí hablar con el acuático que dirigía el concejo de Villalga, el alcalde Capitán Lodo.

A la mañana siguiente, nadé a las cuevas del concejo. Fue un viaje lento contra una corriente fría que fluía a través del pueblo. Encontré al alcalde en su oficina.

—Buenos días, Maribel —dijo detrás de una montaña de papeles—. Disculpa el desorden. Ahora, ¿en qué puedo ayudarte?

Le dije al alcalde lo disgustada que estaba por lo que me había contado el Sr. Cangrejo.

El alcalde me dijo que tenía razón. No se había dado cuenta de que los jóvenes acuáticos jugaban allí, pero, ¡las casas nuevas de las almejas le parecían una idea magnífica!

Le pregunté si había manera de persuadir al concejo para que cambiara de idea. Así que, comenzó a escarbar en sus papeles, balbuceando para sí. De repente, encontró una regla que decía que, si la mayoría de acuáticos en Villalga firman una petición contra una decisión del concejo, este tiene que votar de nuevo.

¡Estas eran las noticias que yo esperaba!

—¿Entonces necesito recoger firmas de todos los que quieren salvar el bosque de algas? —le pregunté.

—Puedes intentarlo, Maribel, pero no cuentes los renacuajos antes de que nazcan, no todos estarán de acuerdo contigo.

A pesar de las palabras de advertencia del alcalde, me fui de su cueva confiada en que la mayoría de los residentes apoyarían mi campaña para mantener las algas.

Capítulo 2 La petición

Cuando llegué a casa, agarré mi botella de tinta de pulpo y con cuidado escribí una petición con mi mejor letra. Luego visité a nuestros vecinos, una familia de cinco que vivían en el siguiente caparazón de almeja. La Sra. Anchoa salió a la puerta.

—Hola, Maribel.

—Hola, Sra. Anchoa. ¿Le gustaría firmar mi petición? Estoy intentando salvar el bosque de algas como área de juego para los niños.

—Sí, la firmaré. Llevé a mis niños a jugar allí esta mañana, pero estaba cerrado. Estaban muy desilusionados —dijo después de leer la petición y garabatear su nombre.

Le agradecí su apoyo mientras ella me alentaba a seguir esta lucha por los jóvenes acuáticos.

¡Mi primera firma! Era una gota en el océano, pero era un comienzo. Animada por la Sra. Anchoa, visité todos los caparazones de la calle.

La mayoría de mis vecinos estuvieron de acuerdo con la petición, y la rectora de la escuela, la Srta. Minnow, incluso difundió una copia entre los maestros. Los gemelos Aleta, Azul y Dolph, me ayudaron a llamar en las puertas por el resto de la tarde.

Sin embargo, me sorprendió que hubiera desacuerdos con mi petición. A algunos, como el Sr. y la Sra. Cabeza de Martillo, les había gustado la idea de tener mansiones elegantes y no les importaban las algas.

—¡Podemos renombrar nuestro pueblo como Bubberly Hills! —exclamó la Sra. Cabeza de Martillo.

Me las arreglé para visitar a la mayoría de los residentes de Villalga, y regresé a casa a la hora cuando la marea se iba. Estaba cansada pero satisfecha con la petición. Tenía diez páginas con firmas. Muchos de los padres de acuáticos firmaron porque querían salvar las algas para sus hijos, y la mayoría de acuáticos también consideraban que las algas eran importantes para el medioambiente.

Conté nerviosa las firmas para ver si tenía suficientes. ¡Sí! Más de la mitad de los residentes había firmado mi petición. La presentaría en la reunión del concejo a la mañana siguiente, y entonces el bosque de algas se salvaría. Fui a dormir esa noche sintiéndome satisfecha con mi trabajo del día.

Detective del lenguaje	**En el texto subrayado el verbo haber es auxiliar. Busca otro ejemplo en esta página.**

A la mañana siguiente, llegué temprano a la alcaldía para estar segura de que mi petición se discutiera en la reunión. Los miembros del concejo estaban reunidos afuera y vi al alcalde Capitán Lodo cuando estaba a punto de entrar a la alcaldía.

—¡Lo hice, Sr. Alcalde, logré el apoyo de la mayoría de residentes! —exclamé cuando le entregué la petición.

—Oh, mi querida Maribel, ese es un magnífico trabajo, pero...

—¿Pero qué? ¿Hay algún error?

—Mira —dijo el alcalde Capitán Lodo señalando el salón de reunión.

El Sr. Cangrejo estaba hablando de forma enérgica a algunos miembros del concejo.

—Tienes un opositor, Maribel. Siento decirte que el Sr. Cangrejo oyó sobre tu petición y está intentando convencer a los miembros del concejo indecisos para que voten en contra.

Yo no tenía permiso para entrar al salón una vez comenzó la reunión, así que me senté afuera y esperé. ¿Aceptarían mi petición y votarían para suspender el proyecto? ¿O escucharían la opinión del Sr. Cangrejo y decidirían seguir adelante y talar las algas?

Finalmente la reunión terminó y los miembros del concejo salieron nadando hacia mí. El alcalde Capitán Lodo vino y se sentó a mi lado.

—Lo siento, Maribel. Voté por ti, pero la petición fue derrotada por un estrecho margen. La tala de las algas seguirá.

Fue tal la sorpresa que me tomó un momento entender la noticia. ¡Había perdido!

Le imploré si había algo más que yo pudiera hacer para detener la tala de algas. El alcalde propuso hallar un esqueleto más grande para el parque del pueblo, esa podía ser otra alternativa.

En ese momento, el Sr. Cangrejo salió del salón de reuniones muy orgulloso, con la cabeza en alto.

—Fue una votación muy apretada, Maribel —anunció—. Pero las reglas son las reglas. Ahora no me puedo demorar. Me voy a casa a ver la final de Bubblebol en el canal del océano.

El Sr. Cangrejo se fue nadando con afán.

—Debo irme, Maribel —dijo el alcalde—. El gobernador viene mañana, y tengo mucho que ordenar.

Salió disparado dejándome sola y desesperada. A pesar de tantas firmas, estaba de nuevo donde había empezado. Intenté recobrar mi compostura, tenía que haber otra solución. Decidí nadar a casa pasando por las algas. Tal vez podría inspirarme mirando la preciosa área de juego.

Cuando llegué al bosque, tuve una visión terrible de lo que pasaría.

Unos trabajadores cortaban las algas con sierras de tiburón, talaban las hojas como si fueran gelatina. ¡Runrún, runrún! Pronto no habría nada. Me adelanté, pero un trabajador me detuvo.

—¡Deténgase! —gritó—. La van a aplastar.

—¡Los niños adoran el bosque de algas! —le grité.

Pero no me hizo caso. Quería terminar su trabajo, para ir a ver el juego de bubblebol. No pude resistir ver la destrucción, así que nadé a casa. Era tan abrumador que me sentí vencida. Me fui a la cama con cinco palabras rondándome en el cerebro: "Las reglas son las reglas..."

Detective del lenguaje	**Las palabras subrayadas son una onomatopeya. ¿Qué representan?**

Capítulo 3 Reglas

Me levanté temprano al día siguiente. La marea comenzaba a irse de nuevo y pude escuchar a las ballenas cantando en la distancia. En mitad de la noche tuve una idea. Me puse mi mejor vestido y nadé hasta la alcaldía. Sentí un cambio en el agua y una corriente cálida me llevó rápidamente a la plaza del pueblo.

Como lo había anticipado, el gobernador de Acualina acababa de llegar con su comitiva y yo sabía que esta era mi última oportunidad. Su guardaespaldas musculoso me miró fieramente, pero nada me detendría.

—¡Perdón, gobernador! —dije mientras el guardaespaldas se interponía entre los dos y se inclinaba amenazadoramente sobre mí.

—Está bien, Ray —dijo el gobernador, y el guardia dio un paso al costado—. Ray me acompaña a todas partes, solo hace su trabajo.

Entonces, me animé a pedirle un consejo al gobernador. Él, muy atento, me preguntó cuál era mi problema.

Le conté todo sobre el proyecto de viviendas de almejas, la tala de las algas y el rechazo a mi petición.

Le pregunté si había algo que él pudiera hacer por los niños de Villalga. El gobernador buscó en su maletín y sacó un libro enorme.

—Esta es la Constitución del Estado de Aquilina —dijo—. Contiene todas las reglas de nuestro estado. Llévalo a casa y estúdialo. Puede que encuentres la respuesta que estás buscando.

Llevé el libro a casa y comencé a leer la constitución. La impresión era casi microscópica y las palabras eran difíciles de entender. Busqué "parque de juegos" en el índice, pero no estaba. Luego me di cuenta de que probablemente usaban palabras mayores en el gobierno, así que miré de nuevo, y, claro, había una sección llamada "Recreación para la juventud". Contuve la respiración mientras leía:

Los concejos municipales deben brindar recreación adecuada a los jóvenes acuáticos e instalaciones deportivas gratis.

Esta era la regla que yo había estado esperando por tanto tiempo.

Tal vez ya era demasiado tarde para salvar las algas, pero ahora tenía una nueva estrategia en mente. Primero, iría a visitar al Sr. Cangrejo. Debía convencerlo a él.

Cuando llegué donde el Sr. Cangrejo, abrí el libro y busqué la regla sobre recreación para los jóvenes acuáticos.

Le señalé amablemente al Sr. Cangrejo que Villalga no cuenta con un área para los deportes. Él solo atinó a chasquear la lengua. Después de un rato, admitió que yo tenía razón. El concejo debe apoyar los deportes para la juventud, es una ley estatal.

—Las reglas son las reglas —respondí. ¡El Sr. Cangrejo tuvo que sonreír!

Luego, discutimos cuál sería el espacio ideal para ubicar el parque. El bosque de algas era ideal, solo teníamos que compartirlo. Expliqué mi idea, y el Sr. Cangrejo rio a carcajadas.

Se necesitaron meses para llevar a cabo mi plan, pero el concejo trabajó muy duro y, finalmente, se concretó.

El día de la inauguración, a un lado del parque había un montón de diminutas viviendas de almejas, no mansiones enormes, sino apartamentos cómodos. Al otro lado, había una hermosa cancha de bubblebol rodeada de gradas.

El alcalde Capitán Lodo se levantó para pronunciar su discurso. Comenzó diciendo: "Acuáticos de Villalga, ¡declaro abierto oficialmente el Parque Bubberly!".

Se escuchó un sonoro aplauso de la multitud, y el alcalde continuó:

—Ahora hay una maravillosa cancha de bubblebol para que jueguen nuestros hijos y, más aún, para que los residentes de los nuevos apartamentos de almejas tengan una gran vista de los juegos. Esto se debe a la determinación de Maribel. Ella nos recordó que las reglas deben aplicarse para beneficio de todos. ¡Pido un gran aplauso para Maribel!

Los aplausos formaron olas a través de todo el parque. El sonido de todos aquellos acuáticos felices me hicieron sentir que había valido la pena el esfuerzo.

Durante los meses de planeación y construcción, había notado otras cosas que necesitábamos hacer en el pueblo: plantar un nuevo bosque de algas, comprar más libros marinos para la biblioteca y suministrar caparazones para los ermitaños sin hogar. Ahora sabía que el cambio era posible, y estaba resuelta a postularme para un escaño en el concejo cuando tuviera la edad suficiente. Quién sabe, algún día podría incluso postularme para la Mansión del Gobernador en Sploshington.

Pero hasta entonces, me voy a acomodar en mi confortable silla para ver el juego de apertura de la temporada de bubblebol, los Resbaladizos contra los Húmedos.

Respuesta a la lectura

Resumir

Usa detalles importantes de *Villalga* para resumir la historia. Usa el organizador gráfico como ayuda.

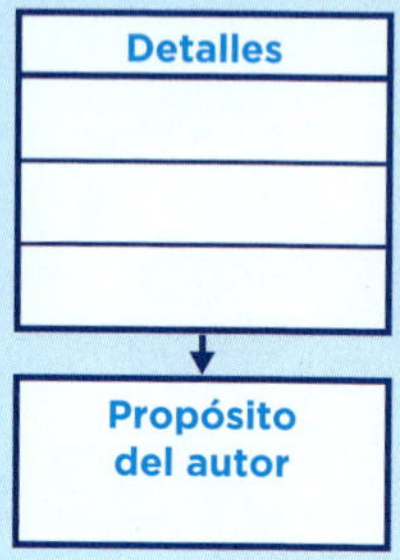

Evidencia en el texto

1. ¿Cómo sabes que esta historia es una fantasía? **GÉNERO**

2. ¿Desde qué punto de vista se cuenta esta historia? Da detalles del texto que muestren quién es el narrador. **PUNTO DE VISTA**

3. ¿Qué significa la frase de la página 2, "El gruñido del Sr. Cangrejo era peor que su mordida"? **MODISMOS**

4. Escribe sobre cómo sería diferente esta historia si fuera contada por un narrador en tercera persona. **ESCRIBIR SOBRE LA LECTURA**

Género Texto expositivo

Compara los textos

Lee sobre lo que hace el concejo de un pueblo.

Dirigir un pueblo

Los habitantes de municipios y ciudades necesitan toda clase de servicios, como: transporte público, escuelas, bibliotecas, agua potable y sitios de recreación. El concejo del municipio o de la ciudad es responsable de organizar estos servicios.

Elección del concejo del municipio o ciudad

Los miembros del concejo de un municipio o ciudad son elegidos por sus habitantes. El concejo municipal de un pequeño municipio podría tener entre 5 y 10 miembros. Los concejos municipales en ciudades más grandes podrían tener 50 miembros. Generalmente, las elecciones se efectúan cada dos o cuatro años. En municipios y ciudades más grandes, los habitantes también eligen un alcalde.

La gente que se postula a cargos públicos cuida a sus comunidades y busca brindarles mejores lugares para vivir.

Un candidato se reúne con votantes antes de una elección.

Toma de decisiones

Los concejos de ciudades y municipios se reúnen para debatir temas locales. En estas reuniones deciden cómo invertir el dinero del presupuesto. Además, establecen nuevas reglas para proteger a los ciudadanos o para mejorar la vida de la comunidad.

Las reuniones del concejo son abiertas al público. Los registros de los temas también están disponibles. Los residentes pueden averiguar en qué están trabajando los miembros del concejo de la ciudad o municipio. También pueden expresar a su miembro del concejo sus ideas o problemas. Por ejemplo, un grupo de vecinos podría presentar una petición para la construcción de un carril para bicicletas. Los ciudadanos pueden denunciar problemas de grafiti o la avería de una farola. Los miembros del concejo debaten temas importantes y luego los someten a votación.

Los concejos municipales trabajan con el gobierno estatal para satisfacer necesidades de las áreas locales.

LA CONSTITUCIÓN ESTATAL

Estados Unidos es tan grande que cada estado tiene su propio gobierno. Los estados también cuentan con constituciones estatales que protegen los derechos de sus ciudadanos. Los gobiernos estatales y los concejos de los municipios o las ciudades trabajan juntos para ayudar a que las cosas funcionen bien.

Suministro de servicios

Cada municipio debe reparar las calles, recoger la basura y dirigir las bibliotecas. El concejo emplea a muchas personas para que desempeñen estos trabajos. Estos servicios se pagan con el dinero recibido de los impuestos de los ciudadanos que poseen propiedades en el municipio.

El concejo tiene comités o pequeños grupos. Estos toman decisiones sobre los diferentes servicios, como bibliotecas o recolección de basura.

Un concejo municipal trabaja para hacer del municipio un mejor lugar para vivir, cubriendo las necesidades de los residentes. También, estimula a los ciudadanos a realizar sus negocios en el municipio.

Estos miembros del concejo se reúnen para debatir un tema local.

Haz conexiones

¿Cómo ayuda a la gente un concejo municipal? **PREGUNTA ESENCIAL**

¿En qué se parecen el concejo en *Villalga* y los concejos municipales en *Dirigir un pueblo*? **EL TEXTO Y OTROS TEXTOS**

Enfoque:
Elementos literarios

Onomatopeya Una onomatopeya es una palabra que suena como lo que representa. Existen muchos ejemplos de onomatopeyas en las palabras que usamos para los sonidos de los animales. *Guau, miau, croac* y *cuac* suenan como los sonidos que hacen diferentes animales.

Lee y descubre En la página 2 de *Villalga,* la palabra *deslizándose* te lleva a prolongarla en la mitad y producir un sonido largo, como el sonido que produciría un acuático al deslizarse por una hoja resbaladiza de alga.

En la página 10, las palabras *runrún, runrún* nos ayudan a "escuchar" los sonidos de la tala de las algas.

Tu turno

Escribe un grupo de entornos sonoros usando onomatopeyas. Haz una tabla en T con el encabezado "Ambiente" en una columna y "Sonidos" en la otra. Completa la tabla con al menos cuatro ambientes y dos o tres sonidos por cada uno. Por tu cuenta, escoge un ambiente y escribe un párrafo usando las onomatopeyas que puedas.

Lee en voz alta tu párrafo a tu grupo o a toda la clase y ajústalo hasta formar un entorno sonoro que puedas ilustrar y compartir con los demás.